0,30,-

Reinhard K. Sprenger & Christiane Sauer

Motivation

– fit in 30 Minuten

W0063832

Kids auf der Überholspur

Die Deutsche Bibliothek – CIP-Einheitsaufnahme

Sprenger, Reinhard K.:
Motivation : fit in 30 Minuten / Reinhard K. Sprenger ;
Christiane Sauer.
- Offenbach : GABAL, 2001
(Kids auf der Überholspur)
ISBN 3-89749-129-X

Herausgeber: Das LernTeam, Marburg
Redaktion: Sandra Klaucke, Frankfurt/Main
Layout, Illustrationen, Titel: Ulf Marckwort, Kassel
Illustration Rücktitel: Martina Foßhag, Kassel
Layout, Satz: Frank Werner, Kassel
Druck und Verarbeitung: Salzland Druck, Staßfurt

© 2001: GABAL Verlag GmbH, Offenbach

Hinweis:
Dieses Buch ist sorgfältig erarbeitet worden. Dennoch erfolgen
alle Angaben ohne Gewähr. Weder Autoren noch Verlag können
für eventuelle Nachteile oder Schäden, die aus den im Buch
gemachten Hinweisen resultieren, eine Haftung übernehmen.

Printed in Germany

ISBN 3-89749-129-X

Dieses Buch ist so konzipiert worden, dass du in kurzer Zeit erfährst, wie du dich selbst motivieren kannst.

● Jedes Kapitel beginnt mit drei zentralen Fragen, die im Verlauf des jeweiligen Kapitels beantwortet werden.

● Nach jedem Kapitel werden die wichtigsten Inhalte noch einmal zusammengefasst.

● Den größten Nutzen beim Lesen dieses Buches wirst du dann haben, wenn du die zehn im Buch verteilten Aufgaben der Reihe nach bearbeitest. Lege dir dazu Stift und Papier bereit.

Da dieses Buch so klar und deutlich strukturiert ist, kannst du es immer wieder zur Hand nehmen, um schnell die für dich interessanten Teile zu wiederholen. Das Stichwortregister wird dir dabei eine zusätzliche Hilfe sein.

Inhalt

Hallo und

herzlich willkommen!

Vielleicht hast du dich gefragt, was die beiden Kids auf dem Buchcover mit dem Thema „Motivation" zu tun haben. Sie schauen mit Freude, Neugier und Zuversicht in die Ferne – in ihre Zukunft. Und genau das ist Motivation:

- Begeisterung für die Wünsche, die du dir erfüllen, und die Ziele, die du erreichen willst,
- eigene Energie und Zuversicht für den Weg dorthin,
- Freude an jedem einzelnen Schritt dieses Wegs sowie
- Kraft und Durchhaltevermögen, wenn es mal nicht so gut klappt.

Motivation hat also immer etwas mit richtungsbestimmtem und kraftvollem Handeln zu tun. Doch das funktioniert nur dann, wenn *du selbst* die Richtung vorgibst und sie dir nicht von anderen vorgeben lässt – und dazu brauchst du Mut, Erfolg und vor allem Spaß an der Sache!

Zu mehr Mut…

soll dir das erste Kapitel verhelfen. Hier erfährst du, wie wichtig es ist, selbst Verantwortung zu übernehmen – für deine Erfolge wie für deine Misserfolge –, und was du tun kannst, um ein richtiger Abenteuerheld zu werden.

Zu mehr Erfolg…

wollen wir mit dem zweiten und dritten Kapitel beitragen. Erfolg ist im Wesentlichen das Ergebnis einer guten Planung, der klugen Nutzung deiner Stärken und einer Hand voll effektiver Strategien, um Schwierigkeiten und Hindernisse in den Griff zu bekommen. Erfolge sind wichtig, denn jeder Erfolg, ob klein oder groß, spornt dich zu weiteren Taten an.

Zu mehr Spaß…

möchten wir natürlich mit dem ganzen Buch beitragen. Im vierten Kapitel erfährst du dazu außerdem, dass es gut ist, nicht immer auf dem direkten Weg deinen Zielen hinterherzuhetzen, sondern auch mal Umwege zu gehen und Seitenstraßen zu besuchen. Denn gerade dort kannst du oft viel erleben.

Unser Buch beschreibt eine Abenteuerreise vom Start bis zum Ziel. Wenn du mitreisen willst, also den Weg zu deinen eigenen Wünschen und Zielen finden möchtest, dann bearbeite nacheinander die zehn im Buch verteilten Aufgaben. Leg dir dazu beim Lesen einen Stift und Papier bereit.

Viel Mut, Erfolg und Spaß bei deiner Abenteuerreise wünschen dir

Reinhard K. Sprenger & Christiane Sauer
(www.sprenger.com)   (www.lernteam.de)

1. Auf zu neuen Abenteuern!

Was hat Freiheit mit Selbstverantwortung zu tun?

Möchtest du ein Held sein?

Hast du Lust auf eine Abenteuerreise?

Von Glück und Pech

Beim letzten Tennismatch bist du so gut gewesen, dass du deinen Mitspieler regelrecht vom Platz gefegt hast? Super, gratuliere – das war sicher kein Glück, das war Können! Aber wie steht es denn mit dem letzten Fußballspiel, das ihr 3:0 verloren habt? Vielleicht denkst du jetzt, das war Pech? Die anderen haben zu oft gefoult und der Schiedsrichter hat trotzdem immer für die andere Mannschaft gepfiffen?

Sicher merkst du schon, worauf wir hinaus wollen: Wenn alles gut läuft, dann schreiben viele Menschen das gern ihrem eigenen Können zu. Geht allerdings etwas schief, dann gibt man gerne die Verantwortung dafür ab und sucht nach anderen Schuldigen.

Du hast die Wahl!

Aber hast du schon mal Spitzensportler nach einer Niederlage sagen hören, der Boden sei rutschig, das Publikum zu laut oder das Wetter zu schlecht gewesen? Nein, im Gegenteil: Oft loben sie ihren Gegner sogar, übernehmen selbstkritisch die volle Verantwortung für ihre Fehler und suchen nach Wegen, sich zu verbessern.

Du hast die Wahl: So wie ein guter Sportler an seinen Erfolgen und damit an seinem Glück arbeitet, so kannst du auch an deinem Glück arbeiten – im Sport, in der Schule und in allen anderen Bereichen deines Lebens!

Wer bist du?

Niko geht in die 7. Klasse des Gymnasiums. Seit der 5. Klasse sind seine Noten in Mathe, Englisch und Deutsch langsam aber sicher immer schlechter geworden. Mittlerweile steht er in allen drei Fächern zwischen 4 und 5.

Wenn morgens der Wecker klingelt, bekommt Niko schon die erste Krise und würde am liebsten liegen bleiben. Langsam quält er sich aus dem Bett und trödelt meistens so lange herum, dass er von seinen Eltern den ersten Schwung Ermahnungen bereits vor der Schule abbekommt. Aber das ist er mittlerweile schon gewöhnt, und wie der Rest des Tages aussieht, weiß er auch schon ziemlich genau: vormittags Langeweile und Ärger in der Schule und nachmittags Streit mit den Eltern – und immer dreht sich alles ums Lernen.

Nach der Schule, wenn Niko zu Mittag gegessen hat, macht er erst mal eine Pause. Weil er aber fast nie Lust hat, Hausaufgaben zu machen oder für die nächste Klassenarbeit zu üben, dehnt er die Pause meistens bis zum Abend aus. Den ganzen Nachmittag über nervt ihn dann seine Mutter, dass er jetzt endlich anfangen solle zu lernen, und sie kontrolliert, ob er auch am Schreibtisch sitzt und arbeitet. Oft liegt sie ihm auch noch damit in den Ohren, dass er wenigstens eine halbe Stunde Klavier üben soll, sonst lohne sich der teure Unterricht doch gar nicht. Viel lieber würde Niko jedoch Schlagzeug spielen.

Spätestens wenn Nikos Vater nach Hause kommt, knallt es richtig. Seit einiger Zeit kontrolliert er jeden Abend, ob Niko gelernt hat. Der Grund dafür ist eine unterschlagene 6 in Mathe. Niko hatte sich so geschämt, dass er erst nach drei Wochen die verpatzte Arbeit gebeichtet hat. Und seit der 6 hat Niko überhaupt keine Lust mehr zum Lernen. Außerdem fühlt er sich vom Mathelehrer ungerecht behandelt. Die Arbeit war viel zu schwer, eine Aufgabe konnte Niko nicht richtig lesen und auf dem Schulhof war es die ganze Zeit viel zu laut.

Heute hat Niko seit langer Zeit mal wieder eine gute Note für ein Referat bekommen. Allerdings – so richtig freuen kann er sich nicht darüber. Zwar hat der Lehrer nicht gemerkt, dass er das Referat aus dem Internet gezogen hat, aber naja, es war eben auch nicht seine eigene Leistung, für die er die 2 bekommmen hat.

Wo das alles noch hinführen soll, weiß Niko nicht. Oft hat er das Gefühl, dass seine Eltern und Lehrer dauernd an ihm rumzerren und wollen, dass er Dinge tut, die ihm keinen Spaß machen. Manchmal fühlt sich Niko richtig an die Wand gedrückt.

Sarah hat einen guten Realschulabschluss und deshalb be-
schlossen, dass sie das Abitur machen will. Seit einigen
Wochen ist sie nun in der 11. Klasse des Gymnasiums. Zwar
hat sie schnell neue Freunde gefunden, aber sonst läuft es
alles andere als gut. In fast allen Fächern hat Sarah die
ersten Arbeiten schlecht geschrieben. Einen Grund dafür
sieht sie in der vielen Textarbeit, die ihr nicht so gut liegt,
im Gymnasium nun aber in vielen Fächern von ihr verlangt
wird. Irgendwie hatte sie sich das alles einfacher vorgestellt.
Das größte Problem aber sind Chemie und Bio bei Herrn
Hauff, ihrem Klassenlehrer. In Chemie war Sarah noch nie
gut und außerdem hat sie das Gefühl, dass Herr Hauff sie
nicht besonders mag. O.k., anfangs war sie auch nicht besonders nett zu ihm, aber jetzt unterstellt er ihr Faulheit,
obwohl sie wirklich viel lernt, und droht ihr mit Sitzenbleiben,
statt sie zu unterstützen.

Ihr Ziel, das Abitur zu machen, hat Sarah weiter fest vor Augen, aber so wie es jetzt ist, kann es nicht weiter gehen. Das steht fest! Mit Freunden und ihren Eltern bespricht sie ihre Situation und unternimmt anschließend Folgendes: Zunächst führt sie ein klärendes Gespräch mit ihrem Klassenlehrer. Außerdem organisiert sie sich einen Nachhilfelehrer für Chemie und Bio, den sie von ihren Eltern „gesponsert" bekommt.

Das Problem mit der Textarbeit will Sarah selbst in den Griff bekommen. Sie ist sehr zuversichtlich, dass sie das schafft. Sie hat sich zwei Bücher aus der Schülerbücherei ausgeliehen, die sie nun Stück für Stück durcharbeitet. Erste Erfolge hat sie schon: Die letzte Deutscharbeit war eine 3 und darauf ist sie richtig stolz – das spornt natürlich an! Übrigens, Sitzenbleiben findet Sarah längst nicht so schlimm wie ihr Klassenlehrer. Sie will das Schuljahr auf alle Fälle noch einmal wiederholen, denn darin sieht sie die beste Chance, um alle Löcher stopfen und dann gut in die 12. Klasse starten zu können!

Als Belohnung für das viele Lernen und als Ausgleich für die ganzen Strapazen hat sich Sarah im „Dance Shop" angemeldet. Das Tanztraining macht ihr viel Spaß, auch wenn es manchmal ganz schön hart ist. Aber die Mühe lohnt sich. Sarah ist bald schon so gut, dass sie bei der nächsten Aufführung eine Hauptrolle tanzen darf.

Niko und Sarah befinden sich beide in schwierigen Situationen. Doch wie du beim Lesen sicher festgestellt hast, gehen sie damit sehr unterschiedlich um.

Erkennst du dich wieder?

Überlege einmal genau, wem du in deinem Verhalten und in deiner inneren Einstellung mehr ähnelst. Kreuze dazu einfach alle Aussagen von Niko und Sarah an, in denen du dich wieder erkennst.

Niko sagt:

- „Wie es mit der Schule weitergeht, ist mir egal. Was soll ich auch tun? Meinen Eltern wird schon eine Lösung einfallen."

- „Ums Lernen drücke ich mich, so gut es geht. Manchmal tue ich dann doch was, damit meine Eltern endlich Ruhe geben."

- „Wenn es erst mal schlecht läuft, ist sowieso alles zu spät. Wozu dann noch die Mühe?"

- „Was mir wichtig ist? – Keine Ahnung. Ständig meckern alle an mir rum."

- „Viele Lehrer legen es nur darauf an, dass ich Probleme bekomme. Ich habe meistens Pech."

● „Ich mogel mich oft durch: mit Abschreiben, Referaten aus dem Internet etc. Besonders stolz kann ich dann nicht auf mich sein."

Sarah sagt:

● „Meistens weiß ich sehr genau, was ich will. Ich habe meine Ziele, z. B. das Abitur, fest vor Augen."

● „Ich versuche alles, um meine Ziele zu erreichen. Rückschläge oder Hindernisse sind zwar unangenehm, aber normal. Sie werfen mich nicht gleich aus der Bahn."

● „Bei Problemen suche ich immer Lösungen und Alternativen. Manchmal helfen mir Freunde oder meine Eltern dabei."

● „Ohne Fleiß kein Preis. Leider stimmt dieser Satz, aber ich habe eine Menge Ausdauer und einen starken Willen, z. B. auch dann zu lernen, wenn ich keine Lust habe."

● „Ich bin sehr stolz auf mich, wenn sich meine Mühen gelohnt haben und ich z. B. eine gute Note bekomme oder die Hauptrolle im Musical tanzen darf."

● „Trotzdem, ich bin sehr selbstkritisch und frage mich oft, was ich besser oder anders machen kann."

Sicher ist dir schon beim Lesen und Ankreuzen klar geworden, welche Nach- bzw. Vorteile das Verhalten von Niko und von Sarah hat.

Niko überlässt sein Schicksal anderen

Niko hat sich selbst in seine missliche Lage hineinmanövriert, aber er selbst unternimmt nichts, um seine Situation zu ändern. Wie es weitergeht, überlässt er lieber seinen Eltern. Sogar die Wahl seiner Freizeitbeschäftigung, das Klavierspielen, überlässt er seinen Eltern. Und statt sich einzugestehen, dass er für bessere Noten mehr lernen muss, sieht er sich als Opfer einer heimlichen Verschwörung seiner Lehrer. Niko weiß nicht, was er will. Er hat keine eigenen Ziele und Wünsche und damit hat er die Verantwortung für seine Zukunft abgegeben. Nikos Verhalten hat viele Nachteile:

● Er weiß nicht, was er will, also entscheiden andere, was er tun soll – doch das macht ihm meistens keinen Spaß.
● Da er sich nicht selbst kontrolliert, kontrollieren ihn seine Eltern und Lehrer umso mehr.
● In der Schule wird Niko immer schlechter. Dadurch verliert er sein Selbstvertrauen. Er fühlt sich mies.

Sarah entscheidet selbst

Auch Sarahs Situation ist brenzlig. Allerdings will sie selbst etwas daran ändern. Sie wartet nicht ab, was passiert oder

was ihre Eltern mit ihr vorhaben, sondern handelt selbstständig. Zunächst überlegt sie, wo sie Fehler gemacht hat
und wo ihre Probleme liegen. Mit Hilfe ihrer Freunde und
Eltern sucht sie anschließend nach Lösungen. Und dann
handelt Sarah: Sie spricht mit ihrem Lehrer, nimmt Nachhilfe
und lernt mehr, um ihre Lücken zu schließen. Sarah über-
nimmt Verantwortung für ihr Handeln – auch für die Fehler,
die sie gemacht hat! Ihr Verhalten hat folgende Vorteile:

● Sarah hat eigene Wünsche und Ziele, die sie verwirklichen
  will. Das macht Spaß.

● Weil sie sich selbst im Griff hat, müssen ihre Eltern sie
  nicht kontrollieren. Es gibt deswegen keinen Streit.

● Sarah wird in der Schule immer besser. Jeder kleine Erfolg stärkt ihr Selbstvertrauen und spornt sie zu weiteren
  Erfolgen an. Lernen macht plötzlich wieder Spaß!

Übernimm Verantwortung für dich selbst

Je mehr du selbst entscheidest, was zu tun ist, und selbst
handelst, umso eher wirst du deine eigenen Ziele verwirklichen können und – umso glücklicher wirst du sein. Das
gilt übrigens nicht nur für die Schule: Nur wenn z.B. eine
Freundschaft für beide Partner, also auch für dich, sinnvoll
ist, kannst du dabei richtig Spaß haben. Nur wenn du einen
Konflikt selbst löst und dies nicht anderen, z.B. deinen
Eltern, überlässt, fühlst du dich nicht als hilfloses Opfer,
sondern steigerst dein Selbstbewusstsein.

Aufgabe 1

Schreib auf, wo du in Zukunft noch mehr Verantwortung für dich selbst übernehmen möchtest und welche Vorteile das für dich haben wird. Sicher fallen dir noch weitere als die folgenden Bereiche ein:

- beim Lernen, bei den Hausaufgaben,
- bei Streit und Meinungsverschiedenenheiten,
- bei deiner Freizeitgestaltung,
- bei der Urlaubsplanung,
- bei der Wahl deiner Freunde,
- bei der Wahl der Schulform: Abitur, Realschule etc.

Von Harry Potter, Huckleberry Finn und anderen Abenteuerhelden

Träumst du auch manchmal davon, ein Held zu sein, der, mutig und erfolgreich wie Harry Potter, Abenteuer besteht oder, unbeschwert und frei wie Huckleberry Finn, in den Tag hineinlebt? Keine Frage, ein Heldenleben ist schon sehr reizvoll: Helden sind beliebt und sie haben ein spannendes und aufregendes Leben. Welche Abenteuerhelden begeistern dich?

Allerdings – es ist noch niemand aus Zufall zum Held geworden. Wenn Harry Potter gegen Lord Voldemort kämpft, oder Huckleberry Finn ohne Eltern zurechtkommen muss, dann beweisen beide nicht nur Mut und Stärke, sondern sie übernehmen auch die volle Verantwortung für ihr Handeln – auch für ihre Fehler.

Helden stehen zu ihren Entscheidungen, obwohl sie oft viele Risiken eingehen und Hindernisse überwinden müssen, bevor sie ihre Ziele erreichen. Auch bei Helden geht nicht immer alles glatt, aber sie geben nie auf und suchen immer nach neuen Lösungen und Wegen. Helden haben Durchhaltevermögen. Und – Helden sind nicht egoistisch. Sie wollen immer das Beste, auch für andere, und oft übernehmen sie sogar Verantwortung für Schwächere.

Keine Angst vor der Freiheit

Wer frei und selbstständig sein will, muss Verantwortung für sich übernehmen. Doch genau davor fürchten sich die meisten Menschen. Sie machen sich selbst zum Opfer und suchen nach tausend Gründen, warum sie angeblich keine Wahl haben, an ihrer Situation etwas zu verändern.

Warum tun sie das? Ganz einfach: So lange die anderen Schuld haben – die Lehrer an den schlechten Noten oder die Eltern am langweiligen Urlaub – so lange brauchen sie sich nicht zu ändern oder selbst etwas zu tun. Also: Nur Mut! Sei dein eigener Chef und werde zum Held. Auch wenn es nicht immer leicht ist – es lohnt sich!

Das Leben ist ein Abenteuer – und was hat das mit Motivation zu tun?

Die folgenden zwei Regeln stimmen fast immer:

1. Energie von außen = Kontrolle von außen

Solange die Energie (der Antrieb, der Grund oder die *Motivation*) für dein Handeln von außen kommt (von Eltern, Lehrern, Freunden, den „Umständen" etc.), wirst du auch von außen kontrolliert. Nicht du, sondern andere steuern dann dein Leben! Lernst du z.B. nur dann, wenn dich deine Eltern dazu ermahnen, dann ist es verständlich, dass sie dich auch in Zukunft immer öfter ermahnen und genauer kontrollieren werden.

2. Energie von innen = Kontrolle von innen

Wenn du aber selbst entscheidest, z. B. welche Sportart für dich die richtige ist oder dass du eine bessere Note in der nächsten Mathearbeit haben möchtest, dann sitzt du selbst am Steuer und bestimmst, wohin die Reise geht. So wird es dir viel leichter fallen, die Energie bzw. *Motivation* zum Training oder zum Lernen aufzubringen, dich also selbst zu kontrollieren, um dein Ziel zu erreichen.

Wenn du dir deine Wünsche und Ziele nicht von anderen vorgeben lässt, sondern selbst entscheidest, wohin deine Reise gehen soll, dann liegt ein spannendes Leben vor dir.

Als Abenteurer wirst du

● interessante Chancen und Möglichkeiten ergreifen,
● ungewöhnliche Dinge ausprobieren,
● Herausforderungen annehmen und meistern,
● deine Fähigkeiten erweitern und ganz Neues dazulernen,
● Misserfolge und Hürden überwinden,
● tolle Erfolge haben und stolz auf dich sein
● und noch mehr Kraft und Energie für weitere Abenteuer
  bekommen.

Also: Auf zu neuen Abenteuern und gute Reise!

Zusammenfassung

● Du hast die Wahl, andere über dich und deine Zukunft
  entscheiden zu lassen oder – besser – für dich selbst
  Verantwortung zu übernehmen und deine eigenen
  Wünsche und Ziele zu verwirklichen.

● Wenn du Verantwortung für dich selbst trägst – für
  deine Erfolge und deine Niederlagen –, dann bist du
  dein eigener Chef und damit freier und selbstständiger.

● Glücklich, stark und frei wie ein Held wirst du dich
  immer dann fühlen, wenn du Herausforderungen an-
  nimmst, dir Erfolge selbst erarbeitest und Misserfolge
  selbstständig überwindest.

● Dein Leben wird also dann zu einem tollen Abenteuer,
  wenn du selbst entscheidest, wo die Reise hingeht,
  und du selbst das Steuer übernimmst.

2. Reisevorbereitungen treffen

Wohin soll deine Reise gehen?

Kennst du deine persönlichen Wegweiser und Stärken?

Wie planst du deine Reiseroute?

Die Fabel vom Tiger

Es war einmal ein kleiner Tiger, der sich auf den Weg machte, sein Glück zu finden. Bald traf er ein Faultier, das müde in einem Baum hing. „Wo willst du denn hin", fragte das Faultier. „Ich bin auf der Suche, mein Glück zu finden", antwortete der kleine Tiger. „Dann mach es wie ich", sagte das Faultier, „bleib einfach hier liegen." „So einfach ist das also", dachte der kleine Tiger und legte sich auf den Boden. Nach zwei Tagen war er vom vielen Rumliegen aber so unglücklich, dass er sich vom Faultier verabschiedete und traurig weiterzog. Bald darauf traf er eine Giraffe, die an den obersten Blättern eines Baumes knabberte. „Wo willst du denn hin", fragte die Giraffe. „Ich bin auf der Suche, mein Glück zu finden", antwortete der kleine Tiger. „Dann mach es wie ich", sagte die Giraffe, „schau einfach über die Bäume." „So einfach ist das also", dachte der kleine Tiger, kletterte auf die Spitze des höchsten Baumes und schaute. Nach einer Stunde war ihm vom Schaukeln des Baumes aber so schlecht, dass er sich von der Giraffe verabschiedete und traurig weiterzog. Bald darauf traf er einen Fisch, der munter im Wasser planschte. „Wo willst du denn hin", fragte der Fisch. „Ich bin auf der Suche, mein Glück zu finden", antwortete der kleine Tiger. „Dann mach es wie ich", sagte der Fisch, „und schwimme den Fluss hinunter." „So einfach ist das also", dachte der kleine Tiger, sprang in die Strömung und wurde nie wieder gesehen.

Jede Fabel hat eine Moral. Welche gefällt dir am besten?

- ● Wer nicht weiß, wohin er will, kann sich leicht verirren.
- ● Wer nicht weiß, was er unter Glück versteht, wird es auch nicht finden.
- ✗ Wer sich nur an anderen orientiert, findet kaum den Weg zum eigenen Glück.
- ● Wer nicht seine eigenen Stärken und Talente nutzt, kann nicht gewinnen.

Der kleine Tiger hat sein Glück wohl nicht gefunden. Warum? Weil er auf dem Weg dorthin einige Fehler gemacht hat: Da der kleine Tiger nicht darüber nachdachte, was für ihn Glück bedeutet, wusste er auch nicht, wo er es finden konnte. Er kannte das Ziel seiner Reise nicht, und deshalb landete er zum Schluss da, wo er vermutlich gar nicht hin wollte.

Aufgabe 2

Welche (Reise-)Ziele hast du?

Überleg einmal, welche (Reise-)Ziele du erreichen willst,
damit du glücklich, zufrieden und stolz auf dich bist, z.B.:

- mit deinem Freund das Kriegsbeil begraben,
- bei der nächsten Vereinsmeisterschaft Sieger sein,
- im Schuljahreszeugnis deinen Notenschnitt verbessern.

in Mathe&Latein besser zu sein

Schreib nun auf, welche (Reise-)Ziele du in Zukunft ansteuern
möchtest.

Vorsicht vor falschen Vorbildern und Idealen

Der kleine Tiger hat noch einen Fehler bei seiner Suche
nach dem Glück gemacht: Er hat sich viel zu sehr am Vorbild
anderer orientiert und zu wenig auf seine eigenen Stärken
vertraut. Dabei hat er schnell erfahren müssen: Was andere
angeblich glücklich macht, macht ihn noch lange nicht froh!

Ich will sein wie…

Britney Spears, Leonardo Di Caprio, John Bon Jovi? Sicher
ist es reizvoll, schön, reich und berühmt zu sein, aber solche
perfekten Vorbilder bremsen dich eher, als dass sie dich
unterstützen: Sie sind scheinbar ohne Fehler – können dir
also nicht zeigen, wie du mit Schwächen zurechtkommen
kannst. Und sie verleiten dich zur Nachahmung – können
dir also kaum Mut machen, deinen eigenen Weg zu gehen.
Deshalb: Sei du selbst, unverwechselbar und einzigartig!

Gefährliche Verführer: Lob und Belohnung

Eine ähnlich verführerische Wirkung wie perfekte Vorbilder und Ideale hat das Loben und Belohnen. Oft machen Menschen Dinge, von denen sie gar nicht überzeugt sind (z.B. Mutproben, Lügen, eine bestimmte Berufsausbildung etc.), nur um gelobt zu werden oder um Anerkennung bzw. eine Belohnung zu bekommen. Lob und Belohnung dienen dann als Manipulation, damit du das tust, was andere von dir wollen.

Lass dich also nicht dazu verführen, Dinge zu tun, die du gar nicht willst – nur weil andere sie für richtig halten. Verlass dich besser auf deine eigenen Wegweiser!

Finde deine Wegweiser

Damit sind deine persönlichen Einstellungen und Überzeugungen gemeint, auch „Werte" genannt, die dir so wichtig sind, dass du empfindlich reagierst oder sehr unglücklich wirst, wenn sie in Frage gestellt werden oder wenn du gegen sie handeln musst. Ist z.B. „Ehrlichkeit" ein wichtiger Wegweiser für dich, dann wirst du dich vermutlich schlecht fühlen, wenn du bei einer Klassenarbeit betrügst oder deine Freunde belügst.

Bleibst du hingegen deinen persönlichen Werten treu, dann fühlst du dich bereits auf deiner Reise zum Ziel glücklich und zufrieden. Deine Wegweiser helfen dir, dich zu entscheiden und den richtigen Weg zu finden. Manche Wegweiser können sich im Laufe deines Lebens verändern.

Aufgabe 3

Kreuze zuerst alle Wegweiser an, die für dich wichtig sind.
Fallen dir noch weitere ein? Finde dann deine fünf wichtigsten Wegweiser heraus und sortiere sie ihrer Bedeutung nach.

- ☒ Freundlichkeit
- ☐ Ordnung
- ☐ Gemeinschaft
- ☒ Ehrlichkeit
- ☒ Respekt
- ☒ Frieden
- ☐ Anerkennung/Lob
- ☐ Religion
- ☐ Sicherheit
- ☒ Freizeit
- ☐ Freiheit
- ☒ Erfolg
- ☐ Wissen/Kompetenz
- ☐ Macht
- ☒ Liebe
- ☐ Selbstbewusstsein
- ☐ Geld
- ☐ Rücksichtnahme
- ☐ Offenheit
- ☐ Risiko
- ☒ Freunde
- ☐ Stolz

- ☒ Hilfsbereitschaft
- ☐ Ruhe
- ☒ Abenteuer
- ☒ Spaß
- ☒ Familie
- ☒ Selbstverantwortung
- ☐ Toleranz
- ☐ Gerechtigkeit
- ☐ Ehre
- ☐ Ehrgeiz
- ☒ Zuverlässigkeit
- ☐ Disziplin

Meine fünf wichtigsten Wegweiser:

1. Freunde/Familie
2. Zuverlässigkeit
3. Frieden
4. Spaß
5. Respekt

Der Tiger in der Fabel auf Seite 23 hat nicht überlegt, was er besonders gut kann und wo seine eigenen Talente liegen. Vielmehr hat er sich an den Stärken der anderen orientiert und versucht, diese nachzuahmen. Auf seiner Reise zum Glück hat ihn das allerdings kein Stück weiter gebracht, denn nicht er, sondern das Faultier ist Profi im faulen Herumliegen, nicht er, sondern die Giraffe hat einen langen Hals, und nicht er, sondern der Fisch ist Weltmeister im Wildwasserschwimmen.

Die eigenen Stärken im Gepäck

Überleg deshalb, welche Stärken und Talente du im Gepäck hast und welche vielleicht noch ungenutzt in dir schlummern und nur darauf warten, auch mit auf die Reise genommen zu werden. Damit du dich richtig einschätzen kannst, solltest du aber auch wissen, was du nicht so gut kannst bzw. wo deine Schwächen liegen.

Aufgabe 4

Erstelle dein persönliches Stärken-Schwächen-Profil
Auf der folgenden Seite findest du ein Stärken-Schwächen-Profil. Überleg, welche der genannten Fähigkeiten du eher als deine persönlichen Stärken und welche du als Schwächen ansiehst. Ordne sie dann in dein Profil in der Skala von 5 (stark) bis 1 (schwach) ein.

	5	4	3	2	1
Mut	○	●	✕	○	○
Entscheidungskraft	○	✕	○	○	○
Durchhaltevermögen	✕	○	○	○	○
Selbstdisziplin	○	✕	○	○	○
Konzentrationsfähigkeit	✕	○	○	○	○
Genauigkeit	✕	○	○	○	○
Schnelle Auffassungsgabe	✕	○	○	○	○
Gutes Gedächtnis	✕	○	○	○	○
Teamfähigkeit	✕	○	○	○	○
Zuhören können	✕	○	○	○	○
Überzeugungskraft	○	✕	○	○	○
Selbstbewusstsein	○	✕	○	○	○

Natürlich ist die Liste nicht vollständig. Sicher kannst du sie noch um weitere Fähigkeiten ergänzen.

Rang (1–5)

	Rang (1–5)
Rechnen	5
Singen	3
Fußballspielen	5
Gitarrespielen	1
Fremdsprachen	4

Zu deinen persönlichen Stärken können z.B. auch Rechnen, Schreiben, Tanzen, Malen, Singen, Schauspielern, Fußballspielen, Schwimmen, Diskutieren, Gitarrespielen, Fremdsprachen, Computer etc. gehören.

Welche Stärken bringen dich zu deinem Ziel?

Wenn du dir diese Frage gewissenhaft beantwortest, wird es dir leichter fallen, deine Ziele zu erreichen. Bei Tom z.B. läuft es in der Schule gerade nicht so gut, aber sein festes Ziel ist es, das Abitur zu schaffen. Sein Durchhaltevermögen – auch nach Misserfolgen – und seine Disziplin beim Arbeiten werden ihm dabei eine große Hilfe sein.

Welche Schwächen könnten zum Problem werden?

Auch diese Frage solltest du dir ehrlich beantworten, um nicht unnötige Enttäuschungen erleben zu müssen. Tom z.B. weiß, dass er neuen Unterrichtsstoff nicht so schnell versteht und länger braucht, bis er ihn sicher im Gedächtnis behalten kann. Er muss also mehr Zeit und Energie zum Lernen aufwenden als seine Klassenkameraden.

Stärke deine Stärken und arbeite an deinen Schwächen

Je besser du deine Stärken nutzt, umso weniger bemerkbar machen sich deine Schwächen. Tom z.B. arbeitet mit seinem neuen Lernplan jetzt noch disziplinierter. Seine Schwächen versucht er mit neuen Methoden in den Griff zu bekommen.

Aufgabe 5

Überleg nun, welche Stärken du hast und wie du sie noch besser nutzen kannst, um deine Ziele zu erreichen. Überleg auch, an welchen Schwächen du arbeiten willst.

Besser im Unterricht mit-
arbeiten & jeden Tag ein
wenig lernen

Flow – so wird die Reise zum aufregenden Abenteuer!

Das Ziel deiner Reise sollte realistisch sein, also nur so hoch gesteckt, dass du es mit deiner Ausrüstung – deinen Stärken – auch erreichen kannst. Ist das Ziel umgekehrt zu leicht zu erreichen, wird die Reise langweilig. Ein Fußballspiel z.B. macht dann am meisten Spaß, wenn ihr gewinnen könnt, dafür aber hart kämpfen müsst. „Flow" *(aus dem Englischen: „Fließen")* kannst du also mit „Spaß auf dem Weg zum Ziel" übersetzen.

Aufgabe 6

Setz dir Flow-Ziele!

Schau dir noch einmal deine (Reise-)Ziele an und überleg,
- ob sie so gesteckt sind, dass du sie auch erreichen kannst, oder
- ob sie vielleicht zu leicht zu erreichen sind und deine Reise deshalb langweilig werden könnte.

Die Rahmenbedingungen
prüfen

Du kannst sehr viel in deinem Leben verändern, indem du Verantwortung für dich übernimmst und selbstständig handelst. Allerdings wird es auch immer wieder Situationen geben, in denen du an den Rahmenbedingungen nichts ändern kannst – oder nur gegen einen sehr hohen Preis.

Das Wetter kannst du nicht verändern

Ein Bergsteiger z.B., der von Schnee und Regen beim Klettern behindert wird, kann das Wetter nicht einfach ändern, sondern er muss es akzeptieren, wie es ist. Wie der Bergsteiger, so musst auch du dich hin und wieder mit bestimmten Bedingungen abfinden, z.B. dass

● du in die Schule gehen musst,

● du dir deine Eltern und Geschwister nicht aussuchen kannst oder dass

● das Mädchen, das du magst, schon einen Freund hat.

Natürlich kannst du jetzt die Schule schwänzen oder die Mafia engagieren und deiner Familie und deinem Rivalen… O.k., der Preis sicher zu hoch. Also, was kannst du tun?

Ändere deine innere Einstellung!

Ärgern bringt nichts außer Magengeschwüren! Deshalb versuche, die gegebenen Bedingungen voll zu akzeptieren und sie sogar *zu mögen*, mehr noch: *zu lieben*!

Das ist zunächst nicht leicht, aber sicherlich klüger, als alle Energie mit Jammern oder Halbherzigkeiten zu verschwenden.

Was du tun kannst: Verbessere die Bedingungen

Manches kannst du nicht grundsätzlich ändern, aber vielleicht maßgeblich verbessern, z.B. indem du

- konsequenter lernst oder die Schulform wechselst,
- dich um ein besseres Verhältnis zwischen dir und deiner Familie bemühst oder
- dich (nach einer kurzen Trauerzeit) wieder an andere nette Mädchen erinnerst.

In den 70er Jahren trugen in London viele Jugendliche ein T-Shirt mit folgender Aufschrift:

Könnte das nicht auch dein Motto werden?!

Aufgabe 7

Schreib auf, welche Rahmenbedingungen du verbessern kannst, um deinen (Reise-)Zielen näher zu kommen.

Die Reiseroute planen

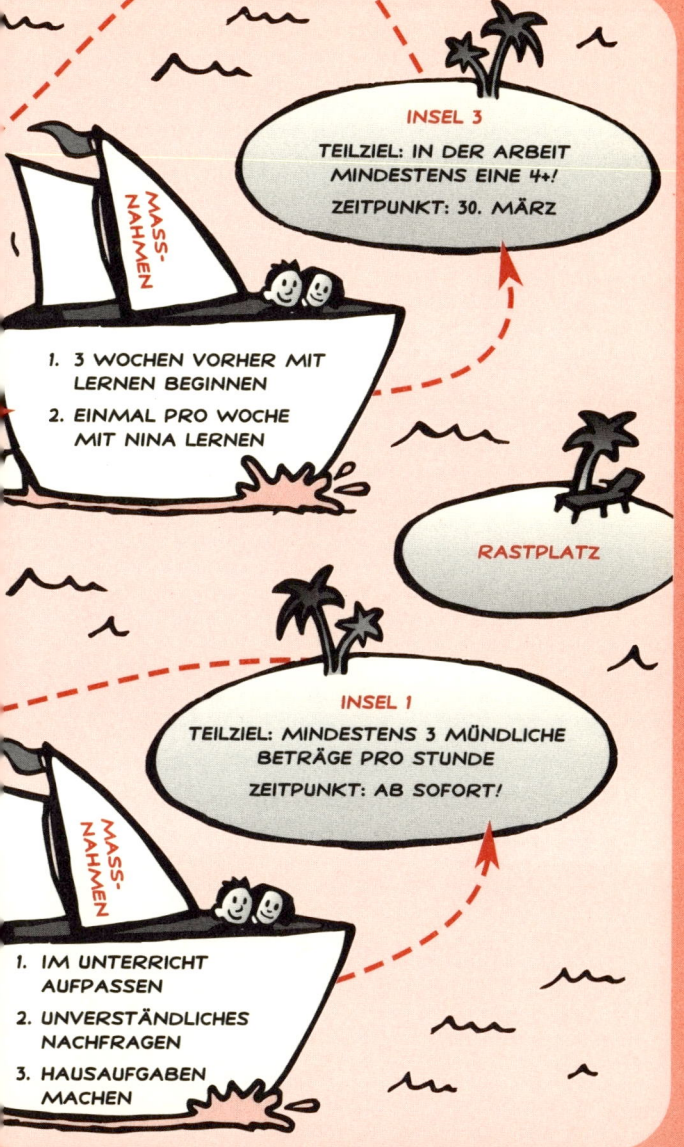

Jede Reise, die dich zu einem bestimmten Ziel führen soll, muss geplant sein. Wenn du dir z.B. den Schiefen Turm von Pisa ansehen willst, dann fährst du auch nicht einfach Richtung Süden und hoffst, schon irgendwo in Italien in der Nähe von Pisa anzukommen, sondern überlegst dir genau, welche Reiseroute die beste dorthin ist. Das Gleiche gilt auch für deine schulischen und privaten (Reise-)Ziele. „Ich möchte in der Schule besser werden" ist zwar ein lobenswerter Wunsch, aber noch kein konkretes Ziel, das du sicher ansteuern kannst. Deshalb benenne deine (Reise-)Ziele klar und eindeutig – und das geht so:

Das (Reise-)Ziel formulieren

- Beginne mit „Ich…"! Es ist schließlich *dein* Ziel.
- Formuliere positiv! „Ich bin im Unterricht aufmerksam", statt „Ich störe nicht mehr so oft."
- Formuliere ohne Einschränkungen, also ohne Worte wie „manchmal", „vielleicht", „wenn das und das ist".
- Nenne den Zeitpunkt, bis zu dem du dein Ziel erreicht haben willst, z.B. „…am Ende des Schuljahres".
- Und: Benenne dein Ziel klar und eindeutig! „Ich habe am Ende des Schuljahres in Englisch eine 3".

Zwischenstationen und Rastplätze auswählen

Um dich bei weiten Reisen oder einem unüberschaubaren Wust von Lernstoff nicht zu verlaufen und nicht außer Puste zu kommen, solltest du mehrere Zwischenetappen einplanen und geeignete Rastplätze auswählen. Überleg dir genau, bis zu welchem Zeitpunkt du welche Zwischenstation erreichen willst und wann du dich auf einem Rastplatz ausruhst.

Mit dem Fahrrad, Auto, Schiff, Flugzeug oder zu Fuß?
Wie gut du von einem Zwischenziel zum nächsten kommst und wie sicher du schließlich dein Reiseziel erreichst, hängt maßgeblich von der Wahl deiner Fortbewegungsmittel ab – den *Maßnahmen und Strategien*. Also, *was* musst du tun, *wie* gehst du vor, um deine Ziele zu erreichen?

Aufgabe 8

Nimm ein Papier und male und plane ähnlich wie auf den Seiten 34 und 35 deine eigene Reiseroute. Sie kann über das Meer, durch den Dschungel, ins Weltall etc. führen.

Zusammenfassung

- Wähle dir dein (Reise-)Ziel genau aus und orientiere dich dabei an deinen persönlichen Wegweisern.
- Auf deiner Reise solltest du dich nicht auf andere verlassen, sondern auf deine eigenen Stärken vertrauen.
- Setze dir deine Ziele nicht zu hoch und nicht zu niedrig – setze dir Flow-Ziele!
- Prüfe die Rahmenbedingungen und plane deine Reise.

Kennst du deine guten und bösen Kopfbewohner?

Weißt du, wie wichtig Misserfolge sind?

Möchtest du wissen,
wie du Hindernisse erfolgreich überwinden kannst?

Die wenigsten Menschen sind aus Zufall glücklich und erfolgreich. Die meisten haben lange Durststrecken überwinden, Hartnäckigkeit beweisen oder neue Wege einschlagen müssen, bevor sie ihre Ziele erreichen konnten.

Andre Agassi z. B. war nach einer erfolgreichen Tenniskarriere plötzlich für längere Zeit vom Tennishimmel verschwunden. Kaum jemand dachte, dass er sich noch einmal so erfolgreich an die Weltspitze zurückspielen könnte, wie er es 1998 getan hat. Durchhaltevermögen, hartes Training und der Wille zum Sieg haben ihm dabei geholfen. Ähnlich hartnäckig an seinem Erfolg arbeitete Stefan Raab. Immer wieder hatte er z. B. seine Sendung „TV Total" verschiedenen Fernsehsendern angeboten, bis ihm endlich Pro Sieben eine Chance gab, die Sendung zu produzieren. Nicht den Mut verloren, sondern vier Jahre an seinem Ziel, mit Ferrari Weltmeister zu werden, weitergetüftelt hat Michael Schumacher. Statt den Rennstall zu wechseln und so vielleicht leichter zu siegen, hat er viel trainiert und sein Auto ständig weiter verbessert.

Diesen Prominenten ist gemeinsam, dass sie von ihrem Können überzeugt sind, ein Ziel vor Augen haben und sich nicht schnell durch Schwierigkeiten davon abbringen lassen. Das gilt natürlich nicht nur für „Stars und Sternchen". Auch viele „Namenlose" beziehungsweise unbekannte Menschen zeichnen sich durch Entschiedenheit aus.

Volle Kraft

Sag 100 Prozent „Ja"
zu deinen Vorhaben!

Wenn du dein Reiseziel ausgewählt hast, dann solltest du auch mit 100-prozentiger Überzeugung zu deiner Entscheidung stehen. Nur so kannst du mit deiner ganzen Kraft und Energie auf die Reise gehen.

100 Prozent „Ja" auch zu Kompromissen

Oft musst du Kompromisse eingehen, um zu deinem Ziel zu kommen. Johannes z.B. möchte mit Marco, Tina und Daniela seinen Urlaub verbringen. Das ist sein Ziel. Am liebsten wäre er nach Spanien gefahren, doch die anderen haben sich für England entschieden. Statt nun neue Mitfahrer zu suchen oder herumzunörgeln, steht Johannes zu seiner Entscheidung, mit den drei Freunden Urlaub zu machen, und plant nun begeistert mit.

Die richtige Reisebegleitung auswählen

Großen Einfluss auf den Erfolg deiner Reise haben deine „Reisebegleiter" bzw. „Kopfbewohner". Damit sind deine inneren Stimmen gemeint, die dich bei der Umsetzung deiner Ziele motivieren oder demotivieren. Die meisten Menschen tragen sehr viele *demotivierende Kopfbewohner* mit sich herum, die ihnen einreden, dass sie ihr Ziel nicht erreichen können. Auf deren Begleitung solltest du verzichten, denn sie können so stark werden, dass sie dir deine ganze Kraft und Energie rauben. Mitnehmen solltest du hingegen deine *motivierenden Kopfbewohner*, denn sie unterstützen dich und machen dich stark. Diese Kopfbewohner gibt es:

Die freundschaftlichen Kopfbewohner

Sie sind super Reisebegleiter, denn sie stärken dein Selbstvertrauen, wenn sie dir immer wieder zuflüstern: „Du kannst das!", „Du schaffst das!", „Du bist stark!"

Die motivierend mahnenden Kopfbewohner

Auch sie sind prima Reisebegleiter, weil sie dich anfeuern und ermutigen: „Probier mal was Neues aus!", „Auf, täglich 15 Vokabeln lernen und du wirst bestimmt besser!"

Die demotivierend mahnenden Kopfbewohner

Diese drohen dir oder machen dir Angst, wenn sie sagen: „Sei lieber vorsichtig, du könntest dich blamieren!", „Wenn du dich nicht mehr anstrengst, dann schreibst du eine 6!"

Die trägen Kopfbewohner

Diese gähnen dir ins Ohr: „Lass bleiben, viel zu anstrengend!", „Das hat bis morgen oder übermorgen Zeit!"

Die bösartigen Kopfbewohner

Diese sind ganz grausam und sagen: „Du Versager, du Schwächling!", „Gib auf!", „Mathe wirst du nie können!"

Aufgabe 9

Erkenne deine Kopfbewohner

Füll die Tabelle aus. Manche Kopfbewohner sind dir vielleicht von Eltern, Lehrern etc. „eingepflanzt" worden. Woher kommen deine, wieviele sind es und was sagen sie?

Kopfbewohner	demotivierende		motivierende		Woher kommen sie?	Wieviele sind es?	Was sagen sie?
	bösartige	träge	mahnende	freundschaftl.			

Stärke die guten, dann schwächst du die bösen

Je mehr du auf deine guten Kopfbewohner hörst, umso weniger Chancen haben die bösen, dir deine Reise zu vermasseln. Wähle dir dazu ein oder zwei motivierende Sätze deiner guten Reisebegleiter aus und erkläre sie zu deinen persönlichen Mutmachern und Kraftspendern. Sag sie dir immer wieder vor, dann werden sie dir wie ein guter Geist oder Schutzpatron immer hilfreich zur Seite stehen.

Trag hier deinen persönlichen Mutmacher-Satz ein:

Wirf die guten Vorsätze über Bord

„Wieso das denn", wirst du dich jetzt sicher fragen. „Gute Vorsätze sind doch toll, sie zeigen schließlich, dass ich was verändern will." Stimmt, allerdings ist damit noch nicht gesagt, ob du es auch wirklich *tun* wirst! Mal ehrlich: Wie viele deiner guten Vorsätze, z.B. häufiger Klavier zu üben, mehr zu lernen oder nicht mehr zu rauchen, hast du wirklich umgesetzt? Nicht so viele? „Gute Vorsätze" heißt nämlich fast immer: *Das will ich nicht, ich will etwas anderes."* Also: Betrüg dich nicht selbst, verzichte auf gute Vorsätze und überleg stattdessen genau, ob es tatsächlich *dein* Ziel ist, das du ansteuern willst. Wenn ja, dann kannst du es auch in einem Vertrag mit dir selbst festhalten und besiegeln. Und nicht „morgen" anfangen, sondern heute.

VERTRAG

ICH VERPFLICHTE MICH, BIS ZUM

FOLGENDES ZIEL UMZUSETZEN:

UM MEIN ZIEL ZU ERREICHEN,
ERGREIFE ICH FOLGENDE MASSNAHMEN:

SOFORT   BIS

FÜR DAS ERREICHEN MEINES ZIELS
BELOHNE ICH MICH MIT:

Ort, Datum, Unterschrift

Wenn du dich für ein Reiseziel entschieden hast, dann kann es gut sein, dass dir auf dem Weg dorthin einige Dinge zustoßen, mit denen du nicht gerechnet hast.

Unheimliche Begegnungen

Stell dir einen Abenteuerhelden vor, der mit seinem Segelschiff eine unbekannte Insel ansteuert. Auf seiner Reise muss er immer wieder dichte Nebelbänke durchfahren, ohne zu wissen, was ihn dahinter erwartet. Erst wenn die Sicht wieder aufklart, weiß er, worauf er sich wirklich eingelassen hat: wilde Seemonster, grausame Piraten, eine stürmische See etc.

Ähnlich geht es auch Nadine. Sie hatte sich zum Ziel gesetzt, ein Schuljahr in England zu verbringen, um ihre Sprachkenntnisse zu verbessern. Jetzt ist sie seit zwei Monaten dort und alles ist anders, als sie es sich vorgestellt hatte. In einem Brief an ihre Freundin schreibt sie:

„…Zwar sind in der Schule alle nett zu mir und mein Englisch ist auch schon viel besser geworden, aber mit meiner Gastfamilie komme ich gar nicht klar. Die drei Söhne ärgern mich ständig und ich habe ziemlich großes Heimweh…"

Wahrsager gibt es nicht

Leider kann dich vor diesen unliebsamen Begegnungen mit unerwarteten Schwierigkeiten niemand wirklich schützen. Vielleicht hätte sich Nadine vor ihrer Reise noch besser informieren oder ausgiebiger beraten lassen können, doch eine Garantie wäre auch das nicht gewesen.

Welche kleinen und großen „Monster" tatsächlich auf dich zukommen, aber auch, welche schönen Erlebnisse, das kann dir niemand voraussagen – deine Eltern nicht, deine Lehrer nicht und auch du nicht! Denn wie du weißt: Wahrsager gibt es nicht.

Du hast die Wahl – mach was draus

Deshalb: Entscheide selbst, übernimm Verantwortung für dich und versuch einen Weg zu finden, die Schwierigkeiten in den Griff zu bekommen. Sag nicht: „Ich habe ja keine Wahl", denn das stimmt nicht. Du hast die Wahl!

Nadine z.B. kann sich ihrer Situation ausliefern und noch zehn Monate leiden. Oder aber sie nimmt ihr Glück in die Hand und ändert ihre Situation, z.B. indem sie mit ihrer Gastfamilie spricht oder sogar die Familie wechselt.

Hindernisse überwinden

Natürlich müssen dir nicht auf jeder Reise grausame „Monster" begegnen. Aber es kann eben passieren und darauf solltest du besser vorbereitet sein. Was kannst du nun aber tun, wenn Hindernisse auftauchen oder du dein Ziel sogar verfehlst? Folgende Tipps können dir helfen:

Misserfolge gibt es nicht

Zunächst erst einmal eine Frage an dich: Ist es etwas Schlechtes, wenn etwas nicht gelingt und du dein Ziel nicht erreichst? Wir denken: Nein.

Würdest du z.B. von vornherein bei einem Tennismatch die Möglichkeit zu verlieren ausschließen, dann würdest du dich erstens nicht anstrengen und deine Erfolgsaussichten würden damit sehr abnehmen. Zweitens könntest du dich über einen Sieg nicht freuen, weil du ihn als solchen gar nicht wahrnehmen würdest. Ohne Misserfolge gibt es also auch keine Erfolge. Zudem sind Misserfolge die besten Lernchancen. Ein guter Freund, der sich gerade erfolgreich bei einem Radiosender beworben hat, erzählte uns, dass sein Bewerbungsgespräch nur deshalb so gut verlaufen sei, weil er bei einem früheren Gespräch sehr schlecht abgeschnitten hatte: „Das war die beste (Misserfolgs-)Erfahrung, die ich machen konnte, um diesen Job zu bekommen."

Misserfolge im eigentlichen Sinne gibt es also nicht. Entscheidend ist, was du aus ihnen machst!

Durchhaltevermögen beweisen

Kennst du Joey Kelly von der Kelly-Family? Genau, der langhaarige Typ, der Songwriter, Musiker und Manager seiner Band ist und außerdem – was die meisten nicht wissen – als Extremsportler alle acht Ironmen in einem Jahr geschafft hat (das ist Weltrekord!). Außerdem ist er bei minus 30°C 100 Meilen durch Alaska gelaufen und hat viele ähnlich verrückte Sachen gemacht. Auf die Frage, wie er solche körperlichen Höchstleistungen bringen könne, antwortete er: *„Das ist alles eine Kopfsache. Wenn du daran denkst aufzugeben, dann hast du schon aufgegeben."*

Eine weise Erkenntnis – oder? Aber Joey hat recht. Sicher weißt du aus eigener Erfahrung, was dir deine demotivierenden Kopfbewohner zuflüstern, wenn du z.B. drauf und dran bist, deinen selbst erstellten Lernplan zu ignorieren: „Das ist langweilig", „Du kannst das sowieso nicht", „Morgen ist auch noch ein Tag" etc. Hörst du auf diese verführerischen Stimmen, dann wird dein Selbstrespekt darunter ziemlich leiden. Du fühlst dich als willensschwacher Versager.

Das Zauberwort heißt *Selbstdiziplin*. Du selbst musst den Willen und die Kraft aufbringen, zu deiner Entscheidung zu stehen – auch wenn es manchmal hart ist. Deshalb: Versuch immer dein Bestes zu geben, besinn dich auf deine Stärken und orientiere dich an deinen motivierenden Kopfbewohnern.

Wenn das Abenteuer ausbleibt

Felsklettern wird dann zum Abenteuer, wenn der Fels so schwer ist, dass du ihn gerade noch bezwingen kannst, dazu aber all dein Können gefordert ist. Ist der Fels hingegen für dich zu leicht, wird es langweilig und du suchst dir eine neue Herausforderung. Ähnlich ist es auch mit dem Lernen. Wenn du Aufgaben langweilig oder ein Unterrichtsfach uninteressant findest, dann solltest du Folgendes bedenken:

● *Urteile nicht vorschnell!* Manche Aufgaben erscheinen auf den ersten Blick vielleicht langweilig, sind es aber gar nicht. Auch ein einfach wirkender Fels kann unvorhersehbar schwer werden. Also: erst ausprobieren.

● *Mit dem Lernen kommt der Spaß!* Wer noch nicht geklettert ist, kann auch nicht wissen, ob er es gerne macht. Deshalb lass dich erst einmal auf eine Aufgabe ein, oft kommt der Spaß dann von selbst.

● *Suche dir Herausforderungen!* Wie das Klettern, so kannst du auch den Lernstoff interessanter machen, z.B. indem du dir zusätzliche Infos mittels Internet, Büchern oder Filmen beschaffst, mit Freunden lernst, noch schneller arbeitest…

Wenn der Berg zu hoch oder die See zu stürmisch ist

Schau dir noch einmal die Flow-Illustration auf Seite 31 an. Wenn eine Aufgabe zu schwierig für dich ist, sind Lernfrust und Angst vorprogrammiert. Folgende Tipps solltest du dann beachten:

- *Teil deinen Weg in Etappen ein!* So siehst du nicht ständig die weit entfernte Spitze des (Lern-)Berges, sondern arbeitest dich Stück für Stück deinem Ziel entgegen.
- *Leg Pausen ein!* Pausen sind wichtig, um neue Energie zu tanken, um Teilerfolge zu feiern und bei Panikanfällen wieder den Überblick zu finden (Seiten 34 ff. und 52).
- *Probier andere Wege aus!* Manche Wege führen in die Sackgasse. Dann musst du eine Kurskorrektur vornehmen und nach neuen Wegen suchen (Seiten 53 ff.).

S.O.S! Um Rat und Hilfe fragen

Wenn du nicht mehr weiter weißt, dann überleg, wen du um Rat fragen kannst. Oft findest du in einem Gespräch viel leichter gute Lösungen als alleine. Manche Menschen nehmen ungern Hilfe von anderen an, weil sie sich dann schwach fühlen. Doch das ist nicht so. Dir selbst Schwächen einzugestehen ist stark! Schwach wäre hingegen, wenn du andere oder die „Umstände" für das Gelingen des eigenen Weges verantwortlich machen würdest. Also: *Die Verantwortung bleibt bei dir!*

Immer dabei haben solltest du natürlich deine Reiseapotheke. Sie enthält eine Reihe gut verträglicher Mittelchen, die dir über die kleinen alltäglichen „Zipperlein" hinweghelfen können.

Führe ein Erfolgstagebuch

Bei Müdigkeit und Depressionen verschreiben wir dir einen ausgiebigen Blick in dein Erfolgstagebuch. Hier hast du zuvor alle deine kleinen und großen Siege und Erfolge aufgeschrieben, z.B. gute Noten, sportliche Siege und deine Flirt-Erfolge. Nach einem ausgiebigen Blick in dieses Tagebuch läuft dein „Motor" wieder wie von selbst.

Konzentriere dich auf das, was du gerade tust

Stress und „Kopfschmerzen" enstehen dann, wenn in deinem Kopf das Chaos herrscht, weil du an zu viele Dinge gleichzeitig denkst. Konzentriere dich deshalb auf das, was *jetzt wichtig* ist, und nicht auf das, was erst in der Zukunft kommt. So kommst du nicht in Zeitnot, bündelst deine Kraft für den Moment und kannst den Augenblick genießen. Der Tennisspieler Pete Sampras antwortete auf die Frage nach seinem Erfolgsrezept: „Ich versuche nie, ein Turnier zu gewinnen. Ich versuche auch nie, einen Satz oder ein Spiel zu gewinnen. Ich will nur diesen Punkt gewinnen."

Such dir sinnvolle Rastplätze

Bei Kraftlosigkeit und „Vitaminmangel" solltest du eine Pause einlegen und einen Rastplatz aufsuchen, an dem du neue Energie tanken kannst. Ungeeignet dafür sind Rastplätze vor dem Fernseher. Die „Traumfabrik" Fernsehen setzt dir in Serien, Filmen, Video-Clips etc. Fantasiewelten vor, die deine eigenen Gedanken, Ideen und Wünsche bremsen. Fernsehen macht dich so passiv und raubt dir deine Energie statt dir neue zu geben. Gute Energielieferanten sind z.B. gesundes Essen, Bewegung, viel trinken, entspannende Musik, frische Luft, gute Gespräche etc.

Lächel, lächel, lächel

Bei schlechter Laune und Lustlosigkeit empfehlen wir dir eine Lächelübung: Stell dich dazu vor den Spiegel und grinse dich fünf Minuten lang an. Erstens, weil du dir dabei ziemlich lächerlich vorkommst, und zweitens, weil so Nerven aktiviert werden, die deinem Gehirn die Ausschüttung von Glückshormonen befehlen. So fühlst du dich bald besser.

Ein Abenteuerheld zeichnet sich sicher nicht dadurch aus, dass in seinem Leben alles glatt und problemlos läuft. Vielmehr wird er erst dadurch zum Held, dass er sich Schwierigkeiten stellt, Hindernisse mit Mut, Durchhaltevermögen und Intelligenz überwindet und nicht kapituliert, sondern nach neuen Wegen sucht.

Ändern statt ärgern

Auch du kannst dich „heldenhaft" verhalten. Ärger dich dazu nicht zu lange über das Riff oder die Sandbank, die dir deinen Weg zu deinem nächsten Ziel versperrt, sondern ändere deine Situation! Das hat auch Benjamin getan: Benjamin ist zwar erst in der 6. Klasse, aber er weiß, dass er unbedingt Archäologe werden will. Dazu braucht er jedoch Abitur – und genau das war bis vor kurzem sein Problem. Es sah so aus, als würde Benjamins Zeugnis nicht gut genug sein, um ins Gymnasium gehen zu können. Er war deshalb ziemlich frustriert und hatte überhaupt keine Lust mehr auf die Schule. Sein Ziel, Archäologe zu werden, schien ihm in weite Ferne gerückt. Was Benjamin zunächst nicht wusste: *Viele Wege führen zum Ziel!* Zusammen mit seinem Vater hat er das aber schnell herausgefunden und überlegt, wie es weitergehen soll. Folgendermaßen ist er dabei vorgegangen:

1. Schritt: Nach neuen Wege suchen

Zuerst hat Benjamin alle Möglichkeiten aufgeschrieben, die ihn zu seinem Ziel führen können, z.B.:

- *Weg 1:* Ich wiederhole die 6. Klasse.
- *Weg 2:* Ich gehe bis zur 10. Klasse auf die Realschule und wechsle dann auf das Gymnasium.
- *Weg 3:* Ich gehe auf ein Internat.
- *Weg 4:* Ich wechsle zur Ganztagsschule im Nachbarort.

2. Schritt: Vor- und Nachteile abwägen

Anschließend hat Benjamin für jeden Vorschlag alle Vorteile und alle Nachteile zusammengetragen und dann überlegt, welcher Weg der beste für ihn ist:

	Vorteile	Nachteile
Wiederholen	● Ich bekomme bessere Noten.	● Ich verliere ein Jahr. ● Meine Freunde sind eine Klasse weiter.
Realschule	● bessere Noten ● weniger Lernstress	● Meine Freunde sind in einer anderen Schule.
Internat	● kleine Klassen ● viel Unterstützung	● Ich sehe Freunde und Eltern sehr selten. ● sehr teuer
Ganztagesschule	● Ich bekomme eine gute Unterstützung. ● coole Freizeitaktivitäten	● Mein ganzer Tag ist verplant. ● Ich sehe Freunde und Eltern weniger.

Jede Chance zu 100 Prozent nutzen

Wenn du deinen Kurs korrigiert und dich für einen neuen Weg entschieden hast, dann solltest du ihn auch mit deiner ganzen Kraft und Energie gehen. Beiß dich nicht an den Problemen der Vergangenheit fest, sondern freu dich auf die Abenteuer, die vor dir liegen.

Z u s a m m e n f a s s u n g

- Sag 100 Prozent „Ja" zu deinen Entscheidungen und besiegle deine Vorhaben durch einen Vertrag mit dir.
- Deine Stimmen im Kopf haben großen Einfluss darauf, wie gut du deine Ziele erreichst. Deshalb stärke deine guten Kopfbewohner, dann schwächst du die bösen.
- Manchmal stellen sich dir auf deiner (Ziel-)Reise unvorhersehbare Hindernisse in den Weg. Aber auch dann solltest du nicht vergessen: Es liegt an dir, was du daraus machst.
- Was kannst du tun, um solche Hindernisse zu überwinden? Vor allem Durchhaltevermögen beweisen, dir neue Herausforderungen suchen, Etappenziele einplanen, um Rat fragen und daran denken, dass es Misserfolge eigentlich gar nicht gibt.
- Manche Hindernisse sind zu hoch, um sie überwinden zu können. Dann musst du deinen Kurs korrigieren und nach neuen Wegen suchen.

4. Am Ziel?

Welche Schätze bringst du von deiner Reise mit?

Weißt du, wo du deine Schätze finden kannst?

Warum sind Träume wichtig?

„Guten Tag", sagte der kleine Prinz.

„Guten Tag", sagte der Händler. Er handelte mit höchst wirksamen durststillenden Pillen. Man schluckt jede Woche eine und spürt überhaupt kein Bedürfnis mehr, zu trinken.

„Warum verkaufst du das?", sagte der kleine Prinz.

„Das ist eine große Zeitersparnis", sagte der Händler. „Die Sachverständigen haben Berechnungen angestellt. Man erspart dreiundfünfzig Minuten in der Woche."

„Und was macht man mit diesen dreiundfünfzig Minuten?"

„Man macht damit, was man will…"

„Wenn ich dreiundfünfzig Minuten übrig hätte", sagte der kleine Prinz, „würde ich ganz gemächlich zu einem Brunnen laufen…"

Kennst du diese Geschichte aus „Der kleine Prinz" von Antoine de Saint-Exupéry? Wir finden sie sehr schön und vor allem sehr treffend, weil sie zeigt, wie dumm manchmal Erwachsene sein können: Sie versuchen, wo sie nur können, Zeit zu sparen, damit sie schneller ihre Ziele erreichen. Ihre Gedanken auf die Zukunft gerichtet, fehlen ihnen die Aufmerksamkeit und die Kraft für die Gegenwart. Sie sind weder hier noch dort. Oft merken sie gar nicht, was sie dabei alles verpassen und welche Schätze ihnen dabei verloren gehen. Deswegen verzichte du auf die Pillen des Händlers und stille deinen Wissensdurst und deine Neugier jeden Tag aufs Neue. Erst so macht das Reisen richtig Spaß!

Die Schätze
deiner Reise

Herzlichen Glückwunsch! Du bist am Ziel deiner Reise angekommen. Jetzt solltest du dir erst einmal selbst kräftig auf die Schulter klopfen.

Genieße deinen Erfolg

Ein tolles Gefühl – oder? Je mehr du dich anstrengen musstest und je mehr du selbst dafür verantwortlich bist, dass du dein (Reise-)Ziel erreicht hast, umso stolzer wirst du vermutlich auf dich sein. Nimm dir nun ausreichend Zeit, genieße deinen Erfolg und schau dir genau an, welche „Schätze" du von deiner Reise mitgebracht hast.

Öffne deine Schatztruhe

Jeder kleine Sieg, jede gute Leistung, jeder Erfolg verleiht dir *Stärke, Vertrauen in dein eigenes Können, Selbstachtung, Zuversicht, Mut, Energie etc.* für neue Herausforderungen – das sind deine Schätze! Hast du diese Schätze erst einmal gefunden, dann werden sie dir bei jeder neuen Reise als tatkräftige Begleiter zur Seite stehen.

Aufgabe 10

Denk an deine kleinen und großen Erfolge und schreib auf, welche Schätze sie dir gebracht haben.

Falsch ist, wenn du denkst, dass du diese Schätze erst am Ziel deiner Reise bekommst. Die meisten Schätze hast du nämlich bereits vor dem Ziel *während deiner Reise* gesammelt, indem du spannende Abenteuer erlebt und schwierige Situationen heldenhaft gemeistert hast. Die Zahl und Qualität deiner Schätze hängt also sehr davon ab, wie schön und abenteuerreich deine Reise ist.

Carpe diem – nutze den Tag!

Blicke deshalb nicht ständig nur auf deine zukünftigen Ziele und denk: „Wenn ich erst mal 18 bin", „mein Abitur habe", „reich bin", „eine Freundin habe" etc., sondern überleg, was du tun kannst, damit *der heutige Tag deiner Reise* ein schöner und erlebnisreicher Tag wird.

Umwege und Seitenstraßen

Oft sind es nicht die schnurgeraden Wege zum Ziel, sondern die Umwege und Seitenstraßen, die deine Reise spannend machen! Alex z.B. hat seinen Schulabschluss schneller und bequemer gemacht als Tina, die zuvor ein Jahr in Amerika zur Schule gegangen ist. Allerdings hat Tina in diesem Jahr so viele aufregende Dinge erlebt, dass dieses Schuljahr, obwohl sie es zu Hause noch einmal wiederholen musste, für sie alles andere als „verloren" war. Zudem hat sie in dieser Zeit viele neue Ideen und Wünsche für ihre Zukunft gesammelt, die sie sonst sicher nicht gehabt hätte. Lass dir also Zeit und „streune" auch mal links und rechts der Hauptstraßen. Oft findest du gerade hier die wertvollsten Schätze!

Schick deine Träume auf die Reise

Bist du schon einmal auf einen Regenbogen zugelaufen und hast versucht, den Punkt zu erreichen, an dem er die Erde berührt? Du läufst und läufst und kommst dabei nie an das Ende deines Weges. Aber während du läufst, entdeckst du die schönsten und interessantesten Dinge, von denen du nie gedacht hättest, dass es sie gibt. Ähnlich ist das mit deinen großen Träumen. Sie verleihen dir Kraft und Energie, sie beflügeln dich und geben deinem Handeln eine Richtung. Ob ein Traum letztlich zum Ziel wird und du dieses Ziel erreichst, ist zunächst nicht so wichtig. Wichtig ist vielmehr: *Der Weg ist das Ziel* – und du kannst jeden Tag etwas dafür tun, dass es ein erlebnisreicher Weg mit vielen Schätzen wird. Wenn du so denkst, wirst du viel Spaß am Reisen haben. Du wirst viele Ziele erreichen und dir wieder neue suchen. „Am Ziel" wirst du so häufig sein – am Ende deiner Reise aber nie!

Die kürzeste Zusammenfassung

Auf zu neuen Abenteuern – es lohnt sich!

Kneip, Winfried & Konnertz, Dirk & Sauer, Christiane:
Lern-Landkarten
Mühlheim a. d. Ruhr: Verlag an der Ruhr 1998

Konnertz, Dirk & Sauer, Christiane:
Fit für die Zukunft
Bayreuth: Schmidt Verlag 1999

Konnertz, Dirk & Sauer, Christiane:
Lernspaß – fit in 30 Minuten
Offenbach: GABAL Verlag 2000

Sprenger, Reinhard K.:
30 Minuten für mehr Motivation
Offenbach: GABAL Verlag 1999

Sprenger, Reinhard K.:
30 Minuten für mehr Motivation
Audio-Ratgeber
Offenbach: GABAL Verlag 2000

Sprenger, Reinhard K.:
Die Entscheidung liegt bei dir!
Frankfurt a. M.: Campus Verlag 1998

Stichwortregister